Diecast Inventory Logbook

BELONGS TO: _____

BOOK #: _____

START DATE: _____

END DATE: _____

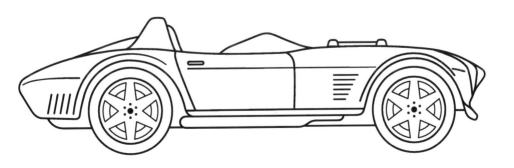

Copyright 2019 © All rights reserved.
This book may not be reproduced, in whole or in part, in any means electronic or mechanical, including photocopying, recording, or by any information storage and retrieval system without the prior written permission of the author.

Model Name _____

Collector Number _____ Brand _____

Details

Year _____   Series _____ Wheel Type _____

Country _____   Designer _____

Colors

Overall Color Scheme
_____

Base _____   Window _____

Fender _____   Interior _____

Where bought? _____

Seller Name _____

Price Paid _____

Condition _____

Date Acquired _____

Notes

_____
_____
_____
_____
_____
_____
_____

Model Name _____

Collector Number _____   Brand _____

Details

Year _____   Series _____   Wheel Type _____

Country _____   Designer _____

Colors

Overall Color Scheme
_____

Base _____   Window _____

Fender _____   Interior _____

Where bought? _____

Seller Name _____

Price Paid _____

Condition _____

Date Acquired _____

Notes

_____

_____

_____

_____

_____

_____

Model Name _____

Collector Number _____   Brand _____

Details

Year _____   Series _____ Wheel Type _____

Country _____   Designer _____

Colors

Overall Color Scheme

_____

Base _____   Window _____

Fender _____   Interior _____

Where bought? _____

Seller Name _____

Price Paid _____

Condition _____

Date Acquired _____

Notes

_____

_____

_____

_____

_____

_____

_____

Model Name _____

Collector Number _____ Brand _____

Details

Year _____ Series _____ Wheel Type _____

Country _____ Designer _____

Colors

Overall Color Scheme

_____

Base _____ Window _____

Fender _____ Interior _____

Where bought? _____

Seller Name _____

Price Paid _____

Condition _____

Date Acquired _____

Notes

_____
_____
_____
_____
_____
_____
_____

Model Name _____

Collector Number _____   Brand _____

Details

Year _____   Series _____   Wheel Type _____

Country _____   Designer _____

Colors

Overall Color Scheme
_____

Base _____   Window _____

Fender _____   Interior _____

Where bought? _____

Seller Name _____

Price Paid _____

Condition _____

Date Acquired _____

Notes

_____
_____
_____
_____
_____
_____
_____

Model Name _____

Collector Number _____ Brand _____

Details

Year _____ Series _____ Wheel Type _____

Country _____ Designer _____

Colors

Overall Color Scheme
_____

Base _____ Window _____

Fender _____ Interior _____

Where bought? _____

Seller Name _____

Price Paid _____

Condition _____

Date Acquired _____

Notes

_____
_____
_____
_____
_____
_____
_____
_____

Model Name _____

Collector Number _____   Brand _____

Details

Year _____   Series _____   Wheel Type _____

Country _____   Designer _____

Colors

Overall Color Scheme

_____

Base _____   Window _____

Fender _____   Interior _____

Where bought? _____

Seller Name _____

Price Paid _____

Condition _____

Date Acquired _____

Notes

_____

_____

_____

_____

_____

_____

Model Name _____

Collector Number _____ Brand _____

Details

Year _____   Series _____   Wheel Type _____

Country _____   Designer _____

Colors

Overall Color Scheme
_____

Base _____   Window _____

Fender _____   Interior _____

Where bought? _____

Seller Name _____

Price Paid _____

Condition _____

Date Acquired _____

Notes

_____
_____
_____
_____
_____
_____
_____

Model Name _____

Collector Number _____   Brand _____

Details

Year _____   Series _____   Wheel Type _____

Country _____   Designer _____

Colors

Overall Color Scheme

_____

Base _____   Window _____

Fender _____   Interior _____

Notes

Where bought? _____

Seller Name _____

Price Paid _____

Condition _____

Date Acquired _____

Model Name _____

Collector Number _____   Brand _____

Details

Year _____   Series _____ Wheel Type _____

Country _____   Designer _____

Colors

Overall Color Scheme
_____

Base _____   Window _____

Fender _____   Interior _____

Where bought? _____

Seller Name _____

Price Paid _____

Condition _____

Date Acquired _____

Notes

_____
_____
_____
_____
_____
_____
_____

Model Name _____

Collector Number _____   Brand _____

Details

Year _____   Series _____   Wheel Type _____

Country _____   Designer _____

Colors

Overall Color Scheme

_____

Base _____   Window _____

Fender _____   Interior _____

Notes

Where bought? _____

Seller Name _____

Price Paid _____

Condition _____

Date Acquired _____

Model Name _____

Collector Number _____ Brand _____

Details

Year _____ Series _____ Wheel Type _____

Country _____ Designer _____

Colors

Overall Color Scheme

_____

Base _____ Window _____

Fender _____ Interior _____

Where bought? _____

Seller Name _____

Price Paid _____

Condition _____

Date Acquired _____

Notes

_____
_____
_____
_____
_____
_____
_____

Model Name _____

Collector Number _____ Brand _____

Details

Year _____   Series _____ Wheel Type _____

Country _____   Designer _____

Colors

Overall Color Scheme
_____

Base _____   Window _____

Fender _____   Interior _____

Notes

Where bought? _____

Seller Name _____

Price Paid _____

Condition _____

Date Acquired _____

Model Name _____

Collector Number _____ Brand _____

Details

Year _____ Series _____ Wheel Type _____

Country _____ Designer _____

Colors

Overall Color Scheme
_____

Base _____ Window _____

Fender _____ Interior _____

Where bought? _____

Seller Name _____

Price Paid _____

Condition _____

Date Acquired _____

Notes

_____
_____
_____
_____
_____
_____
_____

Model Name _____

Collector Number _____   Brand _____

Details

Year _____   Series _____   Wheel Type _____

Country _____   Designer _____

Colors

Overall Color Scheme
_____

Base _____   Window _____

Fender _____   Interior _____

Notes

Where bought? _____

Seller Name _____

Price Paid _____

Condition _____

Date Acquired _____

Model Name _____

Collector Number _____   Brand _____

Details

Year _____   Series _____   Wheel Type _____

Country _____   Designer _____

Colors

Overall Color Scheme
_____

Base _____   Window _____

Fender _____   Interior _____

Where bought? _____

Seller Name _____

Price Paid _____

Condition _____

Date Acquired _____

Notes

_____
_____
_____
_____
_____
_____
_____

Model Name _____

Collector Number _____   Brand _____

Details

Year _____   Series _____   Wheel Type _____

Country _____   Designer _____

Colors

Overall Color Scheme
_____

Base _____   Window _____

Fender _____   Interior _____

Where bought? _____

Seller Name _____

Price Paid _____

Condition _____

Date Acquired _____

Notes

_____
_____
_____
_____
_____
_____
_____

Model Name _____

Collector Number _____ Brand _____

Details

Year _____ Series _____ Wheel Type _____

Country _____ Designer _____

Colors

Overall Color Scheme
_____

Base _____ Window _____

Fender _____ Interior _____

Where bought? _____

Seller Name _____

Price Paid _____

Condition _____

Date Acquired _____

Notes

_____
_____
_____
_____
_____
_____
_____

Model Name _____

Collector Number _____ Brand _____

Details

Year _____ Series _____ Wheel Type _____

Country _____ Designer _____

Colors

Overall Color Scheme
_____

Base _____ Window _____

Fender _____ Interior _____

Notes

Where bought? _____

Seller Name _____

Price Paid _____

Condition _____

Date Acquired _____

Model Name _____

Collector Number _____ Brand _____

Details

Year _____ Series _____ Wheel Type _____

Country _____ Designer _____

Colors

Overall Color Scheme
_____

Base _____ Window _____

Fender _____ Interior _____

Where bought? _____

Seller Name _____

Price Paid _____

Condition _____

Date Acquired _____

Notes

_____
_____
_____
_____
_____
_____
_____

Model Name _____

Collector Number _____   Brand _____

Details

Year _____   Series _____ Wheel Type _____

Country _____   Designer _____

Colors

Overall Color Scheme
_____

Base _____   Window _____

Fender _____   Interior _____

Notes

Where bought? _____

Seller Name _____

Price Paid _____

Condition _____

Date Acquired _____

Model Name _____

Collector Number _____ Brand _____

Details

Year _____ Series _____ Wheel Type _____

Country _____ Designer _____

Colors

Overall Color Scheme
_____

Base _____ Window _____

Fender _____ Interior _____

Where bought? _____

Seller Name _____

Price Paid _____

Condition _____

Date Acquired _____

Notes

_____
_____
_____
_____
_____
_____
_____

Model Name _____

Collector Number _____   Brand _____

Details

Year _____   Series _____   Wheel Type _____

Country _____   Designer _____

Colors

Overall Color Scheme
_____

Base _____   Window _____

Fender _____   Interior _____

Where bought? _____

Seller Name _____

Price Paid _____

Condition _____

Date Acquired _____

Notes

_____
_____
_____
_____
_____
_____
_____

Model Name _____

Collector Number _____ Brand _____

Details

Year _____   Series _____   Wheel Type _____

Country _____   Designer _____

Colors

Overall Color Scheme

_____

Base _____   Window _____

Fender _____   Interior _____

Where bought? _____

Seller Name _____

Price Paid _____

Condition _____

Date Acquired _____

Notes

_____
_____
_____
_____
_____
_____
_____

Model Name _____

Collector Number _____   Brand _____

Details

Year _____   Series _____   Wheel Type _____

Country _____   Designer _____

Colors

Overall Color Scheme
_____

Base _____   Window _____

Fender _____   Interior _____

Notes

Where bought? _____

Seller Name _____

Price Paid _____

Condition _____

Date Acquired _____

Model Name _____

Collector Number _____   Brand _____

Details

Year _____   Series _____ Wheel Type _____

Country _____   Designer _____

Colors

Overall Color Scheme

_____

Base _____   Window _____

Fender _____   Interior _____

Where bought? _____

Seller Name _____

Price Paid _____

Condition _____

Date Acquired _____

Notes

_____

_____

_____

_____

_____

_____

Model Name _____

Collector Number _____   Brand _____

Details

Year _____   Series _____ Wheel Type _____

Country _____   Designer _____

Colors

Overall Color Scheme
_____

Base _____   Window _____

Fender _____   Interior _____

Notes

Where bought? _____

Seller Name _____

Price Paid _____

Condition _____

Date Acquired _____

Model Name _____

Collector Number _____   Brand _____

Details

Year _____   Series _____   Wheel Type _____

Country _____   Designer _____

Colors

Overall Color Scheme
_____

Base _____   Window _____

Fender _____   Interior _____

Where bought? _____

Seller Name _____

Price Paid _____

Condition _____

Date Acquired _____

Notes

_____
_____
_____
_____
_____
_____
_____

Model Name _____

Collector Number _____ Brand _____

Details

Year _____ Series _____ Wheel Type _____

Country _____ Designer _____

Colors

Overall Color Scheme
_____

Base _____ Window _____

Fender _____ Interior _____

Where bought? _____

Seller Name _____

Price Paid _____

Condition _____

Date Acquired _____

Notes

_____
_____
_____
_____
_____
_____
_____

Model Name _____

Collector Number _____   Brand _____

Details

Year _____   Series _____   Wheel Type _____

Country _____   Designer _____

Colors

Overall Color Scheme

_____

Base _____   Window _____

Fender _____   Interior _____

Where bought? _____

Seller Name _____

Price Paid _____

Condition _____

Date Acquired _____

Notes

_____
_____
_____
_____
_____
_____

Model Name _____

Collector Number _____ Brand _____

Details

Year _____ Series _____ Wheel Type _____

Country _____ Designer _____

Colors

Overall Color Scheme
_____

Base _____ Window _____

Fender _____ Interior _____

Notes

Where bought? _____

Seller Name _____

Price Paid _____

Condition _____

Date Acquired _____

Model Name _____

Collector Number _____   Brand _____

Details

Year _____   Series _____ Wheel Type _____

Country _____   Designer _____

Colors

Overall Color Scheme
_____

Base _____   Window _____

Fender _____   Interior _____

Where bought? _____

Seller Name _____

Price Paid _____

Condition _____

Date Acquired _____

Notes

_____

_____

_____

_____

_____

_____

_____

Model Name _____

Collector Number _____   Brand _____

Details

Year _____   Series _____   Wheel Type _____

Country _____   Designer _____

Colors

Overall Color Scheme
_____

Base _____   Window _____

Fender _____   Interior _____

Where bought? _____

Seller Name _____

Price Paid _____

Condition _____

Date Acquired _____

Notes

_____
_____
_____
_____
_____
_____
_____

Model Name _____

Collector Number _____   Brand _____

Details

Year _____   Series _____   Wheel Type _____

Country _____   Designer _____

Colors

Overall Color Scheme
_____

Base _____   Window _____

Fender _____   Interior _____

Where bought? _____

Seller Name _____

Price Paid _____

Condition _____

Date Acquired _____

Notes

_____
_____
_____
_____
_____
_____

Model Name _____

Collector Number _____ Brand _____

Details

Year _____ Series _____ Wheel Type _____

Country _____ Designer _____

Colors

Overall Color Scheme

_____

Base _____ Window _____

Fender _____ Interior _____

Where bought? _____

Seller Name _____

Price Paid _____

Condition _____

Date Acquired _____

Notes

_____

_____

_____

_____

_____

_____

_____

Model Name _____

Collector Number _____ Brand _____

Details

Year _____ Series _____ Wheel Type _____

Country _____ Designer _____

Colors

Overall Color Scheme
_____

Base _____ Window _____

Fender _____ Interior _____

Where bought? _____

Seller Name _____

Price Paid _____

Condition _____

Date Acquired _____

Notes

_____

_____

_____

_____

_____

_____

_____

Model Name _____

Collector Number _____   Brand _____

Details

Year _____   Series _____   Wheel Type _____

Country _____   Designer _____

Colors

Overall Color Scheme

_____

Base _____   Window _____

Fender _____   Interior _____

Notes

Where bought? _____

Seller Name _____

Price Paid _____

Condition _____

Date Acquired _____

Model Name _____

Collector Number _____ Brand _____

Details

Year _____ Series _____ Wheel Type _____

Country _____ Designer _____

Colors

Overall Color Scheme
_____

Base _____ Window _____

Fender _____ Interior _____

Where bought? _____

Seller Name _____

Price Paid _____

Condition _____

Date Acquired _____

Notes

_____

_____

_____

_____

_____

_____

_____

Model Name _____

Collector Number _____ Brand _____

Details

Year _____   Series _____ Wheel Type _____

Country _____   Designer _____

Colors

Overall Color Scheme
_____

Base _____   Window _____

Fender _____   Interior _____

Where bought? _____

Seller Name _____

Price Paid _____

Condition _____

Date Acquired _____

Notes

_____
_____
_____
_____
_____
_____
_____

Model Name _____

Collector Number _____   Brand _____

Details

Year _____   Series _____   Wheel Type _____

Country _____   Designer _____

Colors

Overall Color Scheme

_____

Base _____   Window _____

Fender _____   Interior _____

Where bought? _____

Seller Name _____

Price Paid _____

Condition _____

Date Acquired _____

Notes

_____

_____

_____

_____

_____

_____

Model Name _____

Collector Number _____   Brand _____

Details

Year _____   Series _____ Wheel Type _____

Country _____   Designer _____

Colors

Overall Color Scheme
_____

Base _____   Window _____

Fender _____   Interior _____

Where bought? _____

Seller Name _____

Price Paid _____

Condition _____

Date Acquired _____

Notes

_____
_____
_____
_____
_____
_____
_____

Model Name _____

Collector Number _____ Brand _____

Details

Year _____ Series _____ Wheel Type _____

Country _____ Designer _____

Colors

Overall Color Scheme
_____

Base _____ Window _____

Fender _____ Interior _____

Where bought? _____

Seller Name _____

Price Paid _____

Condition _____

Date Acquired _____

Notes

_____

_____

_____

_____

_____

_____

_____

Model Name _____

Collector Number _____ Brand _____

Details

Year _____ Series _____ Wheel Type _____

Country _____ Designer _____

Colors

Overall Color Scheme
_____

Base _____ Window _____

Fender _____ Interior _____

Notes

Where bought? _____

Seller Name _____

Price Paid _____

Condition _____

Date Acquired _____

_____
_____
_____
_____
_____
_____
_____

Model Name _____

Collector Number _____ Brand _____

Details

Year _____   Series _____ Wheel Type _____

Country _____   Designer _____

Colors

Overall Color Scheme

_____

Base _____   Window _____

Fender _____   Interior _____

Where bought? _____

Seller Name _____

Price Paid _____

Condition _____

Date Acquired _____

Notes

_____

_____

_____

_____

_____

_____

_____

Model Name _____

Collector Number _____ Brand _____

Details

Year _____ Series _____ Wheel Type _____

Country _____ Designer _____

Colors

Overall Color Scheme
_____

Base _____ Window _____

Fender _____ Interior _____

Notes

Where bought? _____

Seller Name _____

Price Paid _____

Condition _____

Date Acquired _____

Model Name _____

Collector Number _____ Brand _____

Details

Year _____   Series _____   Wheel Type _____

Country _____   Designer _____

Colors

Overall Color Scheme
_____

Base _____   Window _____

Fender _____   Interior _____

Where bought? _____

Seller Name _____

Price Paid _____

Condition _____

Date Acquired _____

Notes

_____
_____
_____
_____
_____
_____
_____

Model Name _____

Collector Number _____   Brand _____

Details

Year _____   Series _____   Wheel Type _____

Country _____   Designer _____

Colors

Overall Color Scheme

_____

Base _____   Window _____

Fender _____   Interior _____

Where bought? _____

Seller Name _____

Price Paid _____

Condition _____

Date Acquired _____

Notes

_____

_____

_____

_____

_____

_____

_____

Model Name _____

Collector Number _____ Brand _____

Details

Year _____ Series _____ Wheel Type _____

Country _____ Designer _____

Colors

Overall Color Scheme

_____

Base _____ Window _____

Fender _____ Interior _____

Notes

Where bought? _____

Seller Name _____

Price Paid _____

Condition _____

Date Acquired _____

Model Name _____

Collector Number _____   Brand _____

Details

Year _____   Series _____ Wheel Type _____

Country _____   Designer _____

Colors

Overall Color Scheme
_____

Base _____   Window _____

Fender _____   Interior _____

Notes

Where bought? _____

Seller Name _____

Price Paid _____

Condition _____

Date Acquired _____

Model Name _____

Collector Number _____   Brand _____

Details

Year _____   Series _____   Wheel Type _____

Country _____   Designer _____

Colors

Overall Color Scheme

_____

Base _____   Window _____

Fender _____   Interior _____

Where bought? _____

Seller Name _____

Price Paid _____

Condition _____

Date Acquired _____

Notes

_____

_____

_____

_____

_____

_____

Model Name _____

Collector Number _____   Brand _____

Details

Year _____   Series _____ Wheel Type _____

Country _____   Designer _____

Colors

Overall Color Scheme
_____

Base _____   Window _____

Fender _____   Interior _____

Notes

Where bought? _____

Seller Name _____

Price Paid _____

Condition _____

Date Acquired _____

Model Name _____

Collector Number _____   Brand _____

Details

Year _____   Series _____ Wheel Type _____

Country _____   Designer _____

Colors

Overall Color Scheme

_____

Base _____   Window _____

Fender _____   Interior _____

Where bought? _____

Seller Name _____

Price Paid _____

Condition _____

Date Acquired _____

Notes

_____

_____

_____

_____

_____

_____

Model Name _____

Collector Number _____   Brand _____

Details

Year _____   Series _____   Wheel Type _____

Country _____   Designer _____

Colors

Overall Color Scheme
_____

Base _____   Window _____

Fender _____   Interior _____

Where bought? _____

Seller Name _____

Price Paid _____

Condition _____

Date Acquired _____

Notes

_____
_____
_____
_____
_____
_____

Model Name _____

Collector Number _____   Brand _____

Details

Year _____   Series _____   Wheel Type _____

Country _____   Designer _____

Colors

Overall Color Scheme

_____

Base _____   Window _____

Fender _____   Interior _____

Where bought? _____

Seller Name _____

Price Paid _____

Condition _____

Date Acquired _____

Notes

_____

_____

_____

_____

_____

_____

_____

Model Name _____

Collector Number _____   Brand _____

Details

Year _____   Series _____ Wheel Type _____

Country _____   Designer _____

Colors

Overall Color Scheme
_____

Base _____   Window _____

Fender _____   Interior _____

Notes

Where bought? _____

Seller Name _____

Price Paid _____

Condition _____

Date Acquired _____

Model Name _____

Collector Number _____   Brand _____

Details

Year _____   Series _____   Wheel Type _____

Country _____   Designer _____

Colors

Overall Color Scheme
_____

Base _____   Window _____

Fender _____   Interior _____

Notes

Where bought? _____

Seller Name _____

Price Paid _____

Condition _____

Date Acquired _____

Model Name _____

Collector Number _____   Brand _____

Details

Year _____   Series _____   Wheel Type _____

Country _____   Designer _____

Colors

Overall Color Scheme

_____

Base _____   Window _____

Fender _____   Interior _____

Notes

Where bought? _____

Seller Name _____

Price Paid _____

Condition _____

Date Acquired _____

Model Name _____

Collector Number _____ Brand _____

Details

Year _____ Series _____ Wheel Type _____

Country _____ Designer _____

Colors

Overall Color Scheme
_____

Base _____ Window _____

Fender _____ Interior _____

Where bought? _____

Seller Name _____

Price Paid _____

Condition _____

Date Acquired _____

Notes

_____
_____
_____
_____
_____
_____
_____

Model Name _____

Collector Number _____   Brand _____

Details

Year _____   Series _____ Wheel Type _____

Country _____   Designer _____

Colors

Overall Color Scheme
_____

Base _____   Window _____

Fender _____   Interior _____

Where bought? _____

Seller Name _____

Price Paid _____

Condition _____

Date Acquired _____

Notes

_____
_____
_____
_____
_____
_____
_____

Model Name _____

Collector Number _____   Brand _____

Details

Year _____   Series _____   Wheel Type _____

Country _____   Designer _____

Colors

Overall Color Scheme
_____

Base _____   Window _____

Fender _____   Interior _____

Where bought? _____

Seller Name _____

Price Paid _____

Condition _____

Date Acquired _____

Notes

_____
_____
_____
_____
_____
_____
_____

Model Name _____

Collector Number _____   Brand _____

Details

Year _____   Series _____   Wheel Type _____

Country _____   Designer _____

Colors

Overall Color Scheme
_____

Base _____   Window _____

Fender _____   Interior _____

Notes

Where bought? _____

Seller Name _____

Price Paid _____

Condition _____

Date Acquired _____

_____
_____
_____
_____
_____
_____
_____

Model Name _____

Collector Number _____ Brand _____

Details

Year _____   Series _____   Wheel Type _____

Country _____   Designer _____

Colors

Overall Color Scheme

_____

Base _____   Window _____

Fender _____   Interior _____

Where bought? _____

Seller Name _____

Price Paid _____

Condition _____

Date Acquired _____

Notes

_____

_____

_____

_____

_____

_____

Model Name _____

Collector Number _____   Brand _____

Details

Year _____   Series _____   Wheel Type _____

Country _____   Designer _____

Colors

Overall Color Scheme
_____

Base _____   Window _____

Fender _____   Interior _____

Notes

Where bought? _____

Seller Name _____

Price Paid _____

Condition _____

Date Acquired _____

Model Name _____

Collector Number _____ Brand _____

Details

Year _____   Series _____ Wheel Type _____

Country _____   Designer _____

Colors

Overall Color Scheme
_____

Base _____   Window _____

Fender _____   Interior _____

Notes

Where bought? _____

Seller Name _____

Price Paid _____

Condition _____

Date Acquired _____

_____
_____
_____
_____
_____
_____
_____

Model Name _____

Collector Number _____ Brand _____

Details

Year _____ Series _____ Wheel Type _____

Country _____ Designer _____

Colors

Overall Color Scheme
_____

Base _____ Window _____

Fender _____ Interior _____

Where bought? _____

Seller Name _____

Price Paid _____

Condition _____

Date Acquired _____

Notes

_____
_____
_____
_____
_____
_____
_____

Model Name _____

Collector Number _____   Brand _____

Details

Year _____   Series _____ Wheel Type _____

Country _____   Designer _____

Colors

Overall Color Scheme

_____

Base _____   Window _____

Fender _____   Interior _____

Where bought? _____

Seller Name _____

Price Paid _____

Condition _____

Date Acquired _____

Notes

_____

_____

_____

_____

_____

_____

_____

Model Name _____

Collector Number _____   Brand _____

Details

Year _____   Series _____ Wheel Type _____

Country _____   Designer _____

Colors

Overall Color Scheme
_____

Base _____   Window _____

Fender _____   Interior _____

Notes

Where bought? _____

Seller Name _____

Price Paid _____

Condition _____

Date Acquired _____

Model Name _____

Collector Number _____ Brand _____

Details

Year _____   Series _____ Wheel Type _____

Country _____ Designer _____

Colors

Overall Color Scheme
_____

Base _____   Window _____

Fender _____   Interior _____

Where bought? _____

Seller Name _____

Price Paid _____

Condition _____

Date Acquired _____

Notes

_____

_____

_____

_____

_____

_____

Model Name _____

Collector Number _____   Brand _____

Details

Year _____   Series _____ Wheel Type _____

Country _____   Designer _____

Colors

Overall Color Scheme
_____

Base _____   Window _____

Fender _____   Interior _____

Notes

Where bought? _____

Seller Name _____

Price Paid _____

Condition _____

Date Acquired _____

Model Name _____

Collector Number _____   Brand _____

Details

Year _____   Series _____   Wheel Type _____

Country _____   Designer _____

Colors

Overall Color Scheme

_____

Base _____   Window _____

Fender _____   Interior _____

Where bought? _____

Seller Name _____

Price Paid _____

Condition _____

Date Acquired _____

Notes

_____

_____

_____

_____

_____

_____

_____

Model Name _____

Collector Number _____   Brand _____

Details

Year _____   Series _____ Wheel Type _____

Country _____   Designer _____

Colors

Overall Color Scheme
_____

Base _____   Window _____

Fender _____   Interior _____

Notes

Where bought? _____

Seller Name _____

Price Paid _____

Condition _____

Date Acquired _____

Model Name _____

Collector Number _____ Brand _____

Details

Year _____ Series _____ Wheel Type _____

Country _____ Designer _____

Colors

Overall Color Scheme
_____

Base _____ Window _____

Fender _____ Interior _____

Where bought? _____

Seller Name _____

Price Paid _____

Condition _____

Date Acquired _____

Notes

_____
_____
_____
_____
_____
_____
_____

Model Name _____

Collector Number _____   Brand _____

Details

Year _____   Series _____   Wheel Type _____

Country _____   Designer _____

Colors

Overall Color Scheme
_____

Base _____   Window _____

Fender _____   Interior _____

Where bought? _____

Seller Name _____

Price Paid _____

Condition _____

Date Acquired _____

Notes

_____
_____
_____
_____
_____
_____
_____

Model Name _____

Collector Number _____ Brand _____

Details

Year _____ Series _____ Wheel Type _____

Country _____ Designer _____

Colors

Overall Color Scheme
_____

Base _____ Window _____

Fender _____ Interior _____

Where bought? _____

Seller Name _____

Price Paid _____

Condition _____

Date Acquired _____

Notes

_____
_____
_____
_____
_____
_____
_____

Model Name _____

Collector Number _____   Brand _____

Details

Year _____   Series _____   Wheel Type _____

Country _____   Designer _____

Colors

Overall Color Scheme
_____

Base _____   Window _____

Fender _____   Interior _____

Notes

Where bought? _____

Seller Name _____

Price Paid _____

Condition _____

Date Acquired _____

_____
_____
_____
_____
_____
_____
_____

Model Name _____

Collector Number _____ Brand _____

Details

Year _____   Series _____   Wheel Type _____

Country _____   Designer _____

Colors

Overall Color Scheme
_____

Base _____   Window _____

Fender _____   Interior _____

Where bought? _____

Seller Name _____

Price Paid _____

Condition _____

Date Acquired _____

Notes

_____
_____
_____
_____
_____
_____
_____

Model Name _____

Collector Number _____   Brand _____

Details

Year _____   Series _____ Wheel Type _____

Country _____   Designer _____

Colors

Overall Color Scheme
_____

Base _____   Window _____

Fender _____   Interior _____

Notes

Where bought? _____

Seller Name _____

Price Paid _____

Condition _____

Date Acquired _____

Model Name _____

Collector Number _____   Brand _____

Details

Year _____   Series _____   Wheel Type _____

Country _____   Designer _____

Colors

Overall Color Scheme
_____

Base _____   Window _____

Fender _____   Interior _____

Where bought? _____

Seller Name _____

Price Paid _____

Condition _____

Date Acquired _____

Notes

_____
_____
_____
_____
_____
_____

Model Name _____

Collector Number _____   Brand _____

Details

Year _____   Series _____   Wheel Type _____

Country _____   Designer _____

Colors

Overall Color Scheme
_____

Base _____   Window _____

Fender _____   Interior _____

Notes

Where bought? _____   _____

Seller Name _____   _____

Price Paid _____   _____

Condition _____   _____

Date Acquired _____   _____

_____

_____

Model Name _____

Collector Number _____ Brand _____

Details

Year _____ Series _____ Wheel Type _____

Country _____ Designer _____

Colors

Overall Color Scheme
_____

Base _____ Window _____

Fender _____ Interior _____

Where bought? _____

Seller Name _____

Price Paid _____

Condition _____

Date Acquired _____

Notes

_____
_____
_____
_____
_____
_____
_____

Model Name _____

Collector Number _____   Brand _____

Details

Year _____   Series _____ Wheel Type _____

Country _____   Designer _____

Colors

Overall Color Scheme

_____

Base _____   Window _____

Fender _____   Interior _____

Notes

Where bought? _____

Seller Name _____

Price Paid _____

Condition _____

Date Acquired _____

Model Name _____

Collector Number _____   Brand _____

Details

Year _____   Series _____   Wheel Type _____

Country _____   Designer _____

Colors

Overall Color Scheme
_____

Base _____   Window _____

Fender _____   Interior _____

Where bought? _____

Seller Name _____

Price Paid _____

Condition _____

Date Acquired _____

Notes

_____

_____

_____

_____

_____

_____

_____

Model Name _____

Collector Number _____ Brand _____

Details

Year _____ Series _____ Wheel Type _____

Country _____ Designer _____

Colors

Overall Color Scheme
_____

Base _____ Window _____

Fender _____ Interior _____

Notes

Where bought? _____

Seller Name _____

Price Paid _____

Condition _____

Date Acquired _____

Model Name _____

Collector Number _____ Brand _____

Details

Year _____   Series _____ Wheel Type _____

Country _____ Designer _____

Colors

Overall Color Scheme
_____

Base _____   Window _____

Fender _____ Interior _____

Where bought? _____

Seller Name _____

Price Paid _____

Condition _____

Date Acquired _____

Notes

_____
_____
_____
_____
_____
_____
_____

Model Name _____

Collector Number _____   Brand _____

Details

Year _____   Series _____ Wheel Type _____

Country _____   Designer _____

Colors

Overall Color Scheme
_____

Base _____   Window _____

Fender _____   Interior _____

Notes

Where bought? _____

Seller Name _____

Price Paid _____

Condition _____

Date Acquired _____

Model Name _____

Collector Number _____   Brand _____

Details

Year _____   Series _____   Wheel Type _____

Country _____   Designer _____

Colors

Overall Color Scheme
_____

Base _____   Window _____

Fender _____   Interior _____

Where bought? _____

Seller Name _____

Price Paid _____

Condition _____

Date Acquired _____

Notes

_____

_____

_____

_____

_____

_____

_____

Model Name _____

Collector Number _____   Brand _____

Details

Year _____   Series _____ Wheel Type _____

Country _____   Designer _____

Colors

Overall Color Scheme
_____

Base _____   Window _____

Fender _____   Interior _____

Where bought? _____

Seller Name _____

Price Paid _____

Condition _____

Date Acquired _____

Notes

_____

_____

_____

_____

_____

_____

_____

Model Name _____

Collector Number _____   Brand _____

Details

Year _____   Series _____ Wheel Type _____

Country _____   Designer _____

Colors

Overall Color Scheme

_____

Base _____   Window _____

Fender _____   Interior _____

Where bought? _____

Seller Name _____

Price Paid _____

Condition _____

Date Acquired _____

Notes

_____
_____
_____
_____
_____
_____
_____

Model Name _____

Collector Number _____   Brand _____

Details

Year _____   Series _____   Wheel Type _____

Country _____   Designer _____

Colors

Overall Color Scheme
_____

Base _____   Window _____

Fender _____   Interior _____

Where bought? _____

Seller Name _____

Price Paid _____

Condition _____

Date Acquired _____

Notes

_____

_____

_____

_____

_____

_____

_____

Model Name _____

Collector Number _____   Brand _____

Details

Year _____   Series _____   Wheel Type _____

Country _____   Designer _____

Colors

Overall Color Scheme
_____

Base _____   Window _____

Fender _____   Interior _____

Where bought? _____

Seller Name _____

Price Paid _____

Condition _____

Date Acquired _____

Notes

_____
_____
_____
_____
_____
_____
_____

Model Name _____

Collector Number _____   Brand _____

Details

Year _____   Series _____   Wheel Type _____

Country _____   Designer _____

Colors

Overall Color Scheme
_____

Base _____   Window _____

Fender _____   Interior _____

Notes

Where bought? _____

Seller Name _____

Price Paid _____

Condition _____

Date Acquired _____

Model Name _____

Collector Number _____   Brand _____

Details

Year _____   Series _____   Wheel Type _____

Country _____   Designer _____

Colors

Overall Color Scheme
_____

Base _____   Window _____

Fender _____   Interior _____

Where bought? _____

Seller Name _____

Price Paid _____

Condition _____

Date Acquired _____

Notes

_____
_____
_____
_____
_____
_____
_____

Model Name _____

Collector Number _____   Brand _____

Details

Year _____   Series _____ Wheel Type _____

Country _____   Designer _____

Colors

Overall Color Scheme
_____

Base _____   Window _____

Fender _____   Interior _____

Notes

Where bought? _____

Seller Name _____

Price Paid _____

Condition _____

Date Acquired _____

Model Name _____

Collector Number _____   Brand _____

Details

Year _____   Series _____   Wheel Type _____

Country _____   Designer _____

Colors

Overall Color Scheme
_____

Base _____   Window _____

Fender _____   Interior _____

Where bought? _____

Seller Name _____

Price Paid _____

Condition _____

Date Acquired _____

Notes

_____
_____
_____
_____
_____
_____
_____

Model Name _____

Collector Number _____   Brand _____

Details

Year _____   Series _____   Wheel Type _____

Country _____   Designer _____

Colors

Overall Color Scheme
_____

Base _____   Window _____

Fender _____   Interior _____

Notes

Where bought? _____

Seller Name _____

Price Paid _____

Condition _____

Date Acquired _____

Model Name _____

Collector Number _____ Brand _____

Details

Year _____ Series _____ Wheel Type _____

Country _____ Designer _____

Colors

Overall Color Scheme
_____

Base _____ Window _____

Fender _____ Interior _____

Where bought? _____

Seller Name _____

Price Paid _____

Condition _____

Date Acquired _____

Notes

_____
_____
_____
_____
_____
_____
_____